AF562362

Lk 7
1377

PÈLERINAGE

DE S. IVED, A BRAINE,

LE LUNDI DE LA PENTECÔTE.

OFFICE, PRIÈRES ET CONDUITE PRATIQUE

POUR CE PÈLERINAGE.

OBSERVATIONS

SUR L'OBJET, L'ORIGINE, LE RÉTABLISSEMENT DE LA PROCESSION, DU PÈLERINAGE ET DE LA CONFRÉRIE DE S. IVED.

SAINT IVED vécut dans le Ve siècle et fut évêque de Rouen.

Ses reliques furent transportées à Braine, au IXe siècle, avec celles de S. Victrice, pour être mises à l'abri des incursions et des profanations des Normands. Elles y sont toujours demeurées depuis et y ont été l'objet de la dévotion des fidèles.

Le Martyrologe romain place la fête de S. Ived le 8 octobre, jour de sa mort. Dans le diocèse de Soissons on la célèbre le 8 juillet, jour de la translation de ses reliques à Braine.

Cependant le pèlerinage de S. Ived n'a lieu ni le 8 octobre ni le 8 juillet, mais après la Pentecôte. En voici la raison :

En 1133, du temps de la princesse Agnès de Beaudi-

1850

mont, comtesse de Dreux et de Braine, épouse de Robert de France, frère de Louis VII, un grand prodige eut lieu dans l'église de S. Ived. Désirant convertir plusieurs familles juives qui demeuraient alors à Braine, et surtout une jeune fille qu'elle avait prise à son service, la pieuse comtesse fit demander à l'évêque de Soissons, Ancoulfe de Pierrefonds, des prières publiques pour obtenir cette grâce. Une messe solennelle du St-Esprit fut célébrée au grand autel de l'abbaye à cette intention, en présence de l'évêque, de la princesse, du peuple et des juifs. Or, au moment de l'élévation, Jésus-Christ parut visiblement dans l'hostie, sous la forme d'un enfant attaché à la croix. Les juifs, témoins du miracle, en furent si touchés qu'ils demandèrent le baptême. On apporte plusieurs preuves en faveur de ce prodige : 1° Il est attesté par un grand nombre d'historiens qui déclarent avoir vu et vénéré l'hostie qu'on conservait encore de leur temps dans le trésor de l'église St-Ived, et qui était déposée dans un calice et un reliquaire d'or (1). 2° Le nom de *rue des Juifs* que porte vulgairement encore une des rues de Braine atteste qu'il s'y trouvait autrefois des juifs. 3° Chacun sait que la fête de Braine n'a lieu le dimanche de la fête du St-Sacrement que par suite du grand concours de peuple qu'attirait la procession solennelle du St-Sacrement, que les religieux de l'abbaye faisaient non pas le jeudi, jour de la fête à cette époque, mais le dimanche dans l'octave, *en mémoire du miracle.*

(1) Ces historiens sont : le cardinal *Jacques de Vitry*, chap. 38 de son Histoire d'Occident, écrite vers 1230, c'est-à-dire quatre-vingts ans à peine après le prodige. — *Claude Dormay*, dans son Histoire de Soissons, imprimée en 1664. tome II, p. 160. — *Dom Martène*, célèbre religieux Bénédictin, Second Voyage Littéraire, fait en 1718, p. 25-35. — *Carlier*, Histoire du Duché de Valois, imprimée en 1764, tome I, livre III, p. 472.

A ces historiens, qui ont tous recueilli les preuves du fait sur les lieux, on peut ajouter l'auteur fort grave du *Gallia Christiana*, tome IX, p. 489, et *Langlet Dufresnoy*, Annales de l'Ordre de Prémontré, tome IV, p. 401-405.

Le célébrant y portait une très-riche chasuble, dite *du miracle*, ornée de perles fines, que plusieurs habitants de Braine se souviennent encore d'avoir vue.

Mais cette procession ne fut établie que plus de cent ans après le miracle dont nous venons de parler, puisque la fête du St-Sacrement fut instituée par Urbain IV, en 1264 seulement. Il en est une autre plus ancienne et qui remonte jusqu'au miracle lui-même, c'est la procession de S. Ived, ainsi appelée parce qu'on y porte la châsse du saint pontife, en mémoire et en actions de grâces du prodige opéré dans son église.

« Cette châsse, dit un auteur du XVIe siècle qui a écrit la « vie de S. Ived, se porte tous les ans une fois le mercredi, « lendemain des fêtes de la Pentécôte, jour auquel le mi- « racle de la sainte hostie s'est fait. »

« L'hostie miraculeuse, dit Dom Martène dans son se- « cond Voyage littéraire, a donné occasion à une proces- « sion fort solennelle qui se fait encore à présent (il écri- « vait en 1718) dans l'octave de la Pentecôte. » Telle est donc l'origine antique et intéressante de la procession de S. Ived et du pèlerinage auquel elle a donné occasion.

Cette procession, interrompue par nos bouleversements révolutionnaires, a été rétablie le 20 avril 1844, par ordonnance de Mgr de Simony, dernier évêque de Soissons, et fixée désormais au lundi de la Pentecôte. Elle se fait comme autrefois autour des murs de la ville, en grande pompe, et on peut ajouter avec grand concours de pèlerins. Car aussitôt que les peuples eurent appris que la restauration de l'église de St-Ived allait ramener le rétablissement de sa procession et de son pèlerinage de la Pentecôte, on les vit accourir autour de ses reliques aussi nombreux que jamais.

La procession dont on vient de parler avait donné naissance autrefois à la Confrérie de St-Ived : *c'était pour porter en procession la châsse de S. Ived, le premier mercredi d'après la Pentecôte*, disent les anciens statuts, *que l'on avait vu de temps immémorial plusieurs graves et honnêtes bourgeois de la ville de Braine s'unir et s'associer.*

Malgré tant de mauvais jours passés, ces traditions religieuses n'étaient pas perdues ni effacées ; ce ne fut pas sans une surprise mêlée de joie que l'on vit un cortége assez nombreux d'hommes venir réclamer les pieuses prérogatives des anciennes Confréries de St-Ived, de St-Victrice, et du Saint Sacrement ; solliciter le rétablissement de ces confréries réunies en une seule ; promettre d'en remplir avec zèle les fonctions : promesse qu'ils ont loyalement tenue. Puissent les saints pontifes qu'ils s'honorent d'escorter, leur obtenir de nombreuses bénédictions. Puisse leur religieux dévouement s'affermir, se perfectionner de plus en plus et s'attirer de nombreux imitateurs.

C'est à eux surtout et à ceux qui partagent leur vénération pour S. Ived que nous offrons ce petit essai d'un livre qui n'est qu'ébauché. Tout défectueux qu'il est, nous espérons qu'il les aidera à comprendre l'objet et le but du pèlerinage, à en pénétrer l'esprit, à suivre avec piété les saintes cérémonies, à concevoir quelques bonnes pensées et à prendre de saintes résolutions pour leur conduite.

Braine, 11 mai 1850.

OFFICE

PRIÈRES ET CONDUITE PRATIQUE

POUR

LE PÈLERINAGE DE S. IVED.

EXPOSITION ET VÉNÉRATION DE LA CHASSE DE S. IVED.

Après le salut de la Pentecôte, le clergé, accompagné des confrères de St-Ived, leurs flambeaux à la main, se rend par la grande grille à la chapelle du saint Pontife, dont la châsse doit être exposée déjà sur l'autel. Les chantres entonnent : *Euge serve bone*, puis *Christe pastorum*. Pendant le chant de cette hymne se fait la vénération de la châsse dans l'ordre snivant : le célébrant et son clergé, puis les confrères, chacun selon son rang de dignité ou d'ancienneté. La vénération terminée, les confrères emportent la chasse précédés de la croix et vont la déposer devant la grande grille du chœur. L'hymne achevée, on répète l'Antienne *Euge* et le célébrant termine par l'Oraison *Plebs tua*.

Ant. Courage, bon et fidèle serviteur, parce que vous avez été fidèle en peu de chose, je vous établirai sur beaucoup d'autres, entrez dans la joie de votre Seigneur.

Hymne du 6.

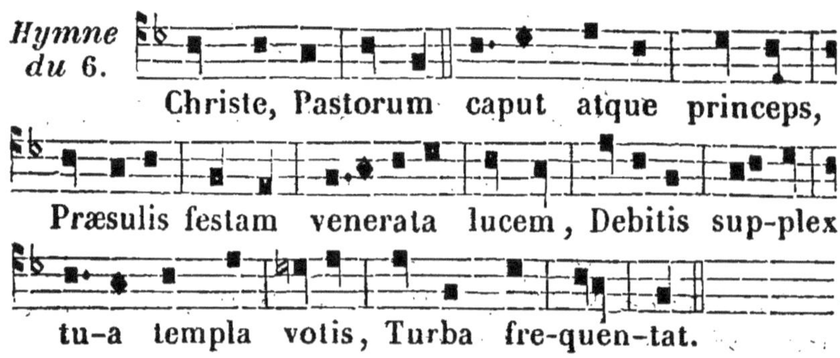

Nous nous assemblons dans vos temples, ô Jésus, qui êtes le chef et le prince des Pasteurs; et nous venons vous y rendre grâces des dons excellents que vous avez accordés au saint Pontife dont nous célébrons la fête.

Ille non vano tenuit tremendam
Spiritu sedem, proprio nec ausu :
Sed sacrum jussus, Domino vocante,
Sumpsit honorem.

Ce ne fût ni par vaine gloire, ni de son propre mouvement qu'il monta sur ce trône redoutable; mais il accepta cet honneur par obéissance, et pour ne pas résister à l'ordre céleste qui l'appelait.

Strenuum bello pugilem superni
Chrismatis pleno tuus unxit intus
Spiritus cornu, posuitque sanctam
Pascere gentem.

Il y parut comme un rempart impénétrable, et comme un chef invincible dans le combat; parce que votre Esprit, ô mon Dieu, répandit abondamment sur lui son onction, en lui confiant vos brebis.

Il fut tout à la fois le pasteur, le père et le modèle du troupeau : il donna ses biens avec joie, et il se donna lui-même tout entier : accablé de soins et de travaux, il se regarda comme le serviteur des frères, et se fit tout à tous, pour les gagner tous.

Fit gregis pastor, pater
atque forma :
Lætus impendit sua, seque
plebi :
Omnium curas, tibi raptus
uni,
Sustinet omnes.

Il ne cessa de prier pour les pécheurs, de consoler les affligés, et de relever ceux qui avaient fait des chutes funestes : il dissipa les ténèbres de l'ignorance : il fut puissant en paroles : et par les vérités sublimes qu'il leur annonçait, il confondit l'esprit d'erreur, et mit en fuite les ennemis du salut.

Pro reis orat, reficit gementes,
Erigit lapsos : tenebrasque
pellit,
Fit potens verbo, docet
alta, pravum
Conterit hostem.

Faites, ô Jésus, que nous soyons aidés par les prières de ce saint Pontife, et que nous vous honorions dans l'éternité avec le Père et le Saint-Esprit, par des actions de grâces proportionnées à vos bienfaits. Ainsi soit-il.

Fac ut illius precibus
juvemur,
Christe, fac Patrem, pariterque tecum
Spiritum jugi celebremus
hymno
Omne per ævum. Amen.

℣. Heureux celui que vous instruisez, Seigneur ; ℟. Et à qui vous enseignez votre loi.

℣. Beatus homo quem tu erudieris, Domine ; ℟. Et de lege tua docueris eum.

PRIONS.

Seigneur, que votre peuple vous glorifie du bonheur et de la gloire que vous avez accordés à votre pontife S. Ived et que, par ses prières, il obtienne la grâce d'y parvenir à votre suite ; Par...

OREMUS.

Plebs tua, Domine sancti pontificis Evodii te glorificatione magnificet ; et, eodem semper precante, te mereatur habere rectorem ; Per...

La meilleure manière d'honorer les saints et de s'attirer leur protection c'est de les invoquer avec une conscience pure. On exhorte donc vivement les confrères de S. Ived, les pieux pèlerins et les âmes fidèles à se confesser la veille et à communier le jour du pèlerinage au matin à la messe de cinq heures qui se dit chaque année pour les communiants.

PROCESSION SOLENNELLE
DES RELIQUES DE S. IVED.

Rappelez-vous que cette procession antique a été instituée en mémoire et en actions de grâces du miracle opéré à Braine, en 1153, de l'apparition de J.-C. dans la sainte hostie et de la conversion des Juifs. Elle se fait hors de la ville avec la châsse de S. Ived, par imitation de celles que l'Evêque de Soissons, *Ancoulfe*, ordonna à cette époque, pour obtenir par l'intercession du saint Pontife, le prodige qui seul devait triompher de l'obstination des Juifs.

Assistez-y avec piété et recueillement. Dites-vous à vous-même : tout chrétien que je suis, n'ai-je pas l'incrédulité, l'aveuglement et l'obstination des Juifs ?

Demandez à Dieu, par l'intercession de S. Ived, pour Braine et la contrée, non-seulement la salubrité et la prospérité; mais bien plus encore, les lumières de la foi, l'esprit de religion et les grâces de conversion. Vous pouvez dire à cette intention la prière suivante :

PRIÈRE.

O Saint Pontife, du haut du ciel où vous jouissez de la gloire que vous ont méritée vos vertus, jetez les yeux sur cette ville gardienne de vos précieuses reliques; soyez sa protection et sa défense. Voyez après tant de siècles et tant de malheurs, malgré le relâchement de la Foi, voyez tout ce peuple qui se souvient encore de la dévotion de ses pères, et qui s'empresse pour vous honorer, pour chanter vos louanges, pour parer de fleurs votre passage. Soyez sensible à ses vœux et à ses prières, obtenez-lui la rosée bienfaisante qui fertilise ses champs et ses travaux ; surtout obtenez-lui la grâce purifiante qui sanctifie ses actions et son âme. O Dieu ! par votre serviteur S. Ived, augmentez en nous la Foi, l'Espérance et l'Amour. Ainsi soit-il.

AVANT LE DÉPART ON CHANTE A GENOUX :

Ant. du 8.

Ant. Venez, Esprit-Saint, remplissez les cœurs de vos fidèles, et allumez en eux le feu sacré de votre divin amour ; vous qui en donnant aux Apôtres le don des langues, avez rassemblé tous les peuples dans l'unité d'une même religion ; affermissez par vos saintes inspirations votre peuple dans la foi, et faites-le jouir d'une paix éternelle.

*

LA PROCESSION SE MET EN MARCHE EN CHANTANT :

Hymne du 8.

VENEZ, Esprit-Saint : la terre purifiée par le sang de Jésus-Christ, et préparée à vous recevoir, vous présente son sein aride, pour être arrnsée de vos dons.

Christi petentis æthera
Exolve promissam fidem ;
Et nostra præsens igneo
Munda lavacro pectora.

Accomplissez la promesse que le Sauveur fit en montant au ciel ; et venez purifier nos cœurs par un baptême de feu.

Lugemus amissum Patrem ;
Te nostra tangat orbitas ;
Solare mœstos ; auxiis
Spem redde, qui solus potes.

Nous pleurons un Père que nous avons perdu ; soyez sensible à l'état d'orphelins où nous laisse son absence : consolez-nous dans notre affliction, et dissipez nos inquiétudes, vous qui seul pouvez ranimer nos espérances.

Docere quæ Christus rudes
Prudens alumnos distulit,
Hæc præparatis insere
Novus magister mentibus.

Jésus-Christ, par une profonde sagesse, a différé d'enseigner à ses disciples encore grossiers, plusieurs vérités : venez, nouveau maître, les imprimer dans des âmes que vous rendez capables de les recevoir.

Olim per umbras vatibus
Retecta paucis veritas,
Nunc orbe toto dissitis

Que les mystères montrés autrefois à travers des ombres et des figures à un petit nombre de Prophètes, soient maintenant dévoilés par votre grâce à tous les peuples de la terre.

Que ce soit votre divine onction qui instruise maintenant tous les hommes ; et gravez dans les cœurs la loi de Dieu qui jusqu'ici n'a été écrite que sur la pierre par une lettre impuissante.

Gloire au Père, gloire au Fils : soyez aussi à jamais glorifié, Esprit Saint, qui étant un même Dieu avec le Père et le Fils, les unissez ensemble. Ainsi soit-il.

℣. Vous enverrez votre Esprit, et il se fera une nouvelle création ; ℟. Et vous renouvellerez la face de la terre.

Per te patescat gentibus.

Divina jam nos unctio
Informet omnes ; hactenus
Mutis aratam litteris
Inscribe legem cordibus.

Sit laus Patri, laus Filio :
Utrumque qui nectis, Deus,
Utrique compar sit tibi
Decus perenne, Spiritus.
Amen.

℣. Emittes Spiritum tuum, et creabuntur ; ℟. Et renovabis faciem terræ.

A LA PREMIÈRE STATION.

A chaque station le Prêtre encense les Reliques.

Ant. Je vous donnerai des pasteurs selon mon cœur, et ils vous donneront la nourriture de la science et de la doctrine.

℣. Heureux celui que vous instruisez, Seigneur ; ℟. Et à qui vous enseignez votre loi.

℣. Beatus homo quem tu erudieris, Domine ; ℟. Et de lege tua docueris eum.

Oremus Plebs tua, *ci-dessus page 7.*

DEUXIÈME HYMNE.

Christe Pastorum, *page* 6.

A LA DEUXIÈME STATION.

Ant. J'ai établi des gardes sur vos murs, ô Jérusalem; ils ne se tairont jamais, ni durant le jour, ni durant la nuit.

℣. Sacrificent sacrificium laudis; ℟. Et annuntient opera ejus in exultatione.

℣. Qu'ils lui offrent un sacrifice de louange; ℟. Et qu'ils publient ses œuvres avec allégresse.

OREMUS.

Exaudi quæsumus Domine preces nostras quas in beati Evodii pontificis tui solemnitate deferimus: et qui tibi digne meruit famulari, ejus intercedentibus meritis, ab omnibus nos absolve peccatis; Per.

PRIONS.

Seigneur exaucez-nous, nous vous en supplions; les prières que nous vous adressons dans cette fête de S. Ived, votre pontife; et par les mérites et l'intercession de votre digne serviteur, purifiez-nous de tous nos péchés; Par.

TROISIÈME HYMNE.

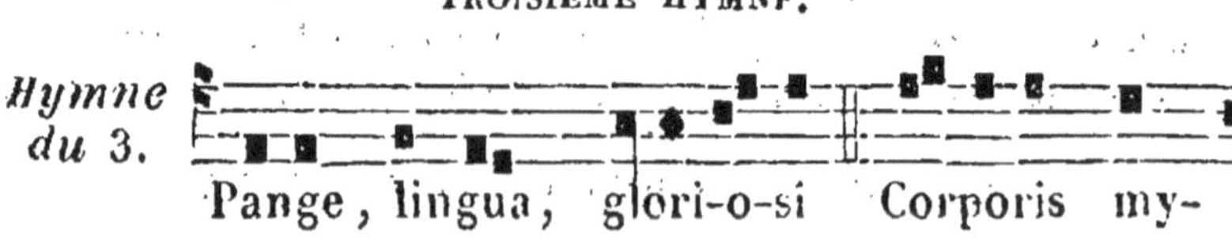

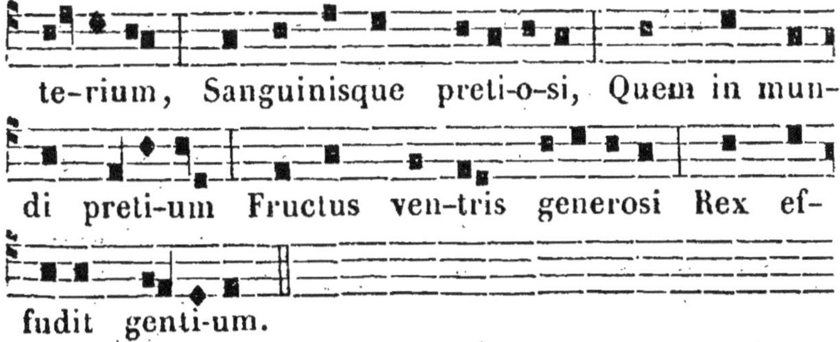

Chantez, ma langue, chantez le mystère du corps adorable et du sang précieux que le roi de l'Univers, après avoir pris naissance d'une Vierge, a répandu pour être le prix de la rançon du monde.

Envoyé pour nous, et né pour nous d'une Vierge sans tache, il a conversé avec les hommes pour semer dans leurs âmes sa divine parole; et il a terminé son séjour avec nous par une merveille digne de sa charité.

Nobis datus, nobis natus
Ex intacta Virgine,
Et in mundo conversatus,
Sparso verbi semine,
Sui moras incolatus
Miro clausit ordine.

Dans le dernier souper qu'il fit au soir, veille de sa mort, avec ses douze Apôtres qu'il avait honorés du nom de ses frères, après avoir entièrement observé ce que la loi ordonnait pour la célébration de la Pâque, il se donne lui-même à eux de ses propres mains, pour être leur nourriture.

In supremæ nocte cœnæ
Recumbens cum fratribus,
Observata lege plene
Cibis in legalibus,
Cibum turbæ duodenæ
Se dat suis manibus.

Le Verbe fait chair change par sa divine parole le pain en sa chair, et le vin en son sang; et si les sens ne peuvent s'élever jusqu'à un tel prodige, la foi suffit pour affermir un

Verbum caro, panem verum,
Verbo carnem efficit:
Fitque sanguis Christi merum;
Et si sensus deficit,

Ad firmandum cor sincerum
Sola fides sufficit.

cœur droit et sans déguisement.

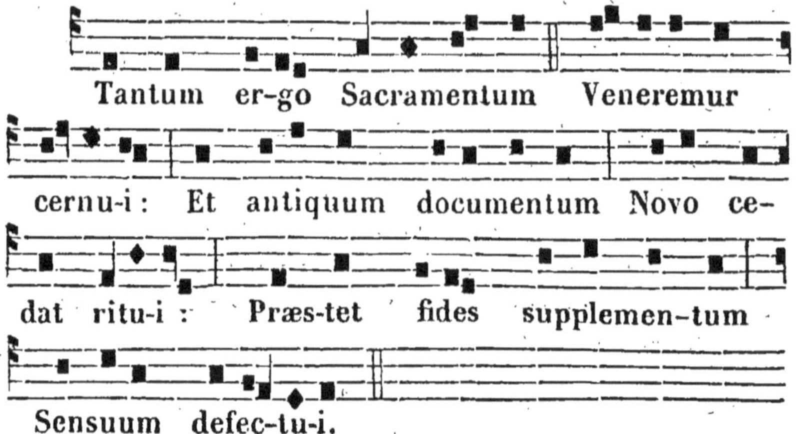

Adorons avec un profond respect un Sacrement si digne de nos hommages ; que ce nouveau mystère prenne la place des anciennes cérémonies, et que la foi supplée à la faiblesse de nos sens.

Genitori, Genitoque
Laus et jubilatio,
Salus, honor, virtus quoque
Sit et benedictio :
Procedenti ab utroque
Compar sit laudatio. Amen.

Louanges, acclamations, gloire, honneur, puissance au Père, à son Fils unique, et au Saint-Esprit qui procède de l'un et de l'autre.
Ainsi soit-il.

℣. Gustate, et videte quoniam suavis est Dominus ; ℟. Beatus vir qui sperat in eo.

℣. Goûtez et voyez combien le Seigneur est doux ; ℟. Heureux l'homme qui espère en lui.

A LA TROISIÈME STATION.

ANTIENNE Euge, *page* 5.

℣. Gloria et honore coronasti eum, Domine ;

℣. Vous l'avez couronné, Seigneur, d'honneur et de

gloire; ℟. Et vous l'avez établi sur tous les ouvrages de vos mains.

℟. Et constituisti eum super opera manuum tuarum.

PRIONS.

Ecoutez favorablement, Seigneur, nos humbles prières, et que notre confiance dans l'intercession du bienheureux Pontife Ived nous obtienne de vous la grâce de n'être troublés, ni par les menaces de nos ennemis, ni par leurs violentes incursions; Par.

OREMUS.

Adesto, Domine, supplicationibus nostris; et beati Evodii Pontificis intercessionibus confidentes, nec minis adversantium, nec ullo conturbemur incursu; Per.

QUATRIÈME HYMNE.

O Jésus, qui êtes la gloire de vos ministres, et qui couronnez en ce jour le saint Pontife dont nous célébrons la fête; daignez recevoir favorablement nos prières.

Ce saint Pasteur, après une longue épreuve que vous fites de sa charité, reçut de vous, comme le gage de votre amour pour lui, et la récompense de celui dont il brûlait pour vous, le soin de paître le troupeau que votre Père vous a confié.

Sui probatus præmium
Amoris, et pignus tui,
A Patre traditos tibi
Accepit agnos pascere.

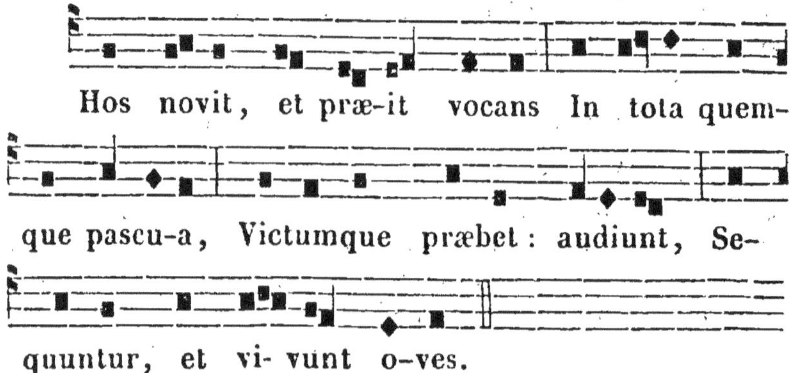

Il connaît ses brebis : il marche devant elles pour les encourager et les défendre : il les conduit dans d'excellents pâturages, en les nourrissant des vérités saintes de la religion : ses brebis l'écoutent, le suivent, et reçoivent la vie.

Quam sentit errantem jugis,
Hanc nocte quærit ac die ;
Et gaudet inventam suo
Portans ovili reddere.

S'il en voit quelqu'une s'égarer, il la cherche jour et nuit ; et lorsqu'il l'a trouvée, il la met sur ses épaules avec joie, et la reporte au bercail, pour la rendre au souverain Pasteur, et la mettre en sûreté dans son sein.

Arcet frementes bestias,
Lupi retundit impetus,
Dolosque fallit, vel mori
Caro paratus pro grege.

Il écarte par son courage les bêtes cruelles qui cherchent à dévorer le troupeau : il résiste à la fureur des loups ravissants ; il en déconcerte les ruses, prêt à donner sa vie même pour ses brebis.

Offert frequentem victimam
Cum plebe pastor innocens ;
Secumque devotum gregem
Pius Sacerdos immolat.

Prêtre et hostie tout ensemble, il ne cesse d'offrir à Dieu le sang adorable du Pasteur des pasteurs, et de s'immoler soi-même pour lui avec tout son troupeau.

Gloire vous soit rendue, ô Jésus, qui êtes le bon Pasteur: qu'elle soit rendue au Père et au Saint-Esprit dans tous les siècles des siècles. Ainsi soit-il.

Supreme Christe Pontifex,
Jugis tibi sit gloria,
Cum Patre, cumque Spiritu,
In sempiterna secula. Am.

℣. Qu'ils lui offrent un sacrifice de louanges; ℟. Et qu'ils publient ses œuvres avec allégresse.

℣. Sacrificent sacrificium laudis. ℟. Et annuntient opera ejus in exultatione.

Si les Hymnes ne suffisent pas on chante le Ps. suivant.

Souvenez-vous, Seigneur, de David; et de toute sa douceur.

Souvenez-vous qu'il a juré au Seigneur, et a fait ce vœu au Dieu de Jacob:

Si j'entre dans le secret de ma maison; si je monte sur le lit qui est préparé pour me coucher:

Si je permets à mes yeux de dormir, et à mes paupières de sommeiller;

Et si je donne aucun repos à mes tempes, jusqu'à ce que je trouve un lieu propre pour le Seigneur, et un tabernacle pour le Dieu de Jacob.

Nous avons ouï dire, que l'arche était autrefois dans Ephrata; nous l'avons trouvée dans les champs de la forêt.

Nous entrerons dans son tabernacle; nous l'adorerons dans le lieu où il a posé ses pieds.

Levez-vous, Seigneur, pour

Memento, Domine, David, * et omnis mansuetudinis ejus;

Sicut juravit Domino, * votum vovit Deo Jacob:

Si introiero in tabernaculum domus meæ, * si ascendero in lectum strati mei:

Si dedero somnum oculis meis, * et palpebris meis dormitationem;

Et requiem temporibus meis, donec inveniam locum Domino, * tabernaculum Deo Jacob.

Ecce audivimus eam in Ephrata; * invenimus eam in campis silvæ.

Introibimus in tabernaculum ejus; * adorabimus in loco, ubi steterunt pedes ejus.

Surge, Domine, in requiem tuam ; * tu, et arca sanctificationis tuæ.

entrer dans votre repos ; vous, et l'arche où éclate votre sainteté.

Sacerdotes tui induantur justitiam ; * et sancti tui exultent.

Que vos prêtres soient revêtus de justice, et que vos saints tressaillent de joie.

Propter David servum tuum, * non avertas faciem Christi tui.

En considération de David, votre serviteur, ne rejetez pas le visage de votre Christ.

Juravit Dominus David veritatem, et non frustrabitur eam : * De fructu ventris tui ponam super sedem tuam.

Le Seigneur a fait à David un serment très-véritable ; et il ne le trompera point : j'établirai, lui a-t-il dit, sur votre trône, le fruit de votre ventre.

Si custodierint filii tui testamentum meum, * et testimonia mea hæc quæ docebo eos ;

Si vos enfants gardent mon alliance, et ces préceptes que je leur enseignerai ;

Et filii eorum usque in seculum * sedebunt super sedem tuam.

Et que leurs enfants les gardent aussi pour toujours ; ils seront asssis sur votre trône.

Quoniam elegit Dominus Sion : * elegit eam in habitationem sibi.

Car le Seigneur a choisi Sion ; il l'a choisie pour sa demeure.

Hæc requies mea in seculum seculi ; * hic habitabo, quoniam elegi eam.

C'est là pour toujours le lieu de mon repos : c'est là que j'habiterai, parce que je l'ai choisie.

Viduam ejus benedicens benedicam ; * pauperes ejus saturabo panibus.

Je donnerai à sa veuve une bénédiction abondante ; je rassasierai ses pauvres de pain.

Sacerdotes ejus induam salutari ; * et sancti ejus exultatione exultabunt.

Je revêtirai ses prêtres d'une vertu salutaire ; et ses saints seront tous ravis de joie.

Illuc producam cornu David, * paravi lucernam Christo meo.

C'est là que je ferai paraître la puissance de David : j'ai préparé une lampe à mon Christ.

Inimicos ejus induam confusione ; * super ipsum

Je couvrirai de confusion ses ennemis; mais je ferai éclater sur lui la gloire de ma propre sanctification.

autem efflorebit sanctificatio mea.

A LA DERNIÈRE STATION.

Quand on est rentré dans l'église, devant le Crucifix et les Reliques.

R. Je suis la porte : * Si quelqu'un entre par moi, il sera sauvé; il entrera, il sortira, et il trouvera des pâturages. Ỿ. Le Seigneur fera connaître qui sont ceux qui lui appartiennent, il joindra à lui ceux qui sont saints; et ceux qu'il a élus s'approcheront de lui. * Si quelqu'un.

A LA MESSE.

La Messe est celle du lundi de la Pentecôte et non pas de S. Ived, parce que la Messe du miracle fut une Messe du St-Esprit.

Voici le jour, les lieux et le moment auquel J.-C. s'est montré visiblement dans l'Eucharistie.

Entendez la Messe avec la même attention et la même piété que s'il allait encore renouveler ce prodige.

Introït. Au Paroissien.

Collecte. Au Paroissien.

Oraison de S. Ived, *page* 7.

Epître, *Alleluia*, *Prose*, *Evangile*. Au Paroissien.

Après l'Evangile, il y a Sermon. Ecoutez la prédication comme la parole de Dieu, avec foi, avec attention et avec désir d'en profiter. Appliquez-vous à vous-même ce que dit le prédicateur, et pendant qu'il parle à vos oreilles, priez Dieu de parler lui-même à votre cœur.

Credo. Au Paroissien.

Offertoire. Au Paroissien.

Tous les confrères de S. Ived vont en corps à l'offrande. Leur intention dans cette cérémonie doit être : 1° de s'offrir à Dieu pour le servir fidèlement conformément à l'exemple des Saints ; 2° de renouveler leur acte de dévouement à l'honneur du Saint Pontife, patron de leur confrérie.

Secrète. Voy. au Paroissien.

Secrète en l'honneur de S. Ived :

Secrète. In conspectu tuo, quæsumus, Domine talia nostra sint munera, qualia majestati tuæ obtulit beatus Pontifex tuus Evodius quæ, et placere tibi valeant, et nos tibi placere perficiant; Per.

Secrète. Que nos présents, Seigneur, nous vous en supplions, soient semblables à ceux qu'a offerts à votre majesté le bienheureux Pontife Ived, afin qu'ils puissent vous être agréables et nous faire trouver grâce devant vos yeux; Par.

Préface de la Pentecôte. Au Paroissien.

A l'Elévation, adorez J.-C. tout caché qu'il est dans son Sacrement, et rappelez-vous cette parole pleine de foi de S. Louis, roi de France, à ceux qui le pressaient d'aller voir une apparition miraculeuse de N.-S. dans une hostie de la Sainte Chapelle, où tout Paris accourait : *Je le crois*, dit-il, *je n'ai pas besoin de le voir, la parole de J.-C. me suffit.*

Adressez la prière suivante à S. Ived :

PRIÈRE.

Grand Saint, qui par vos prières avez obtenu à des Juifs obstinés la grâce de voir de leurs yeux et d'adorer ensuite du fond de leur cœur dans la sainte Hostie le Dieu sauveur que leurs pères avaient crucifié, faites par votre puissante intercession, que les saints mystères qui se célèbrent, soient aujourd'hui pour moi ce qu'ils furent autrefois pour ces infidèles, le moment de ma conversion et de mon salut. Ainsi soit-il.

Au Pater, récitez Notre Père, ou Pater en suivant le prêtre tout bas.

Agnus Dei, au Paroissien.

A la Communion du Prêtre, unissez-vous à lui et priez Dieu qu'il vous donne part aux fruits que la Communion de son ministre doit produire dans tout le peuple. Si vous avez eu le bonheur de la faire, conjurez le Seigneur d'en conserver les fruits dans votre cœur. Si vous n'avez pas encore eu la consolation de remplir ce grand devoir, formez-en le désir et rappelez-vous ces paroles de J.-C. : *Celui qui ne mange pas ma chair et qui ne boit pas mon sang n'aura pas la vie en lui.*

Communion et *Postcommunion*, au Paroissien.

Postcommunion en l'honneur de S. Ived :

Postcomm. O Dieu, qui rassasiez par une même nourriture miraculeuse les brebis et les pasteurs, faites-nous-y trouver la douceur et la docilité des brebis comme votre bienheureux Pontife Ived y a trouvé la sollicitude et la charité d'un pasteur ; Par.

Postcomm. Deus, qui eadem esca mirabili et oves nutris et pastores ; da, ut ovium mansuetudinem et docilitatem inde hauriamus, unde beatus Pontifex Evodius pastoris hausit sollicitudinem et caritatem ; Per.

APRÈS LA MESSE.

VÉNÉRATION DES RELIQUES.

C'est un usage pieux et touchant qui porte les peuples à prier sous les châsses des saints, à les toucher et à les baiser avec respect. Ainsi l'Eglise, quand elle veut bénir plus solennellement nous impose sur la tête ou la croix, ou le saint Evangile, où même quelquefois le Saint Sacrement. Ainsi les peuples Orientaux portent successivement à leur cœur, à la bouche et sur la tète l'objet pour lequel ils veulent exprimer leur vénération.

Ne rougissez donc point de vous prosterner humblement près des reliques du saint Pontife.

Invoquez sur vous cet esprit de sainteté qui a purifié son âme et sa chair et semble respirer encore jusque dans ses ossements.

Priez pour vous et pour votre famille; demandez, la religion vous le permet, mais demandez avec modération et soumission la rosée du ciel et la graisse de la terre, c'est-à-dire les biens de ce monde, comme la santé, la réussite dans vos affaires, etc. Demandez par-dessus tout les biens du ciel : car prenez garde qu'il ne sert de rien à l'homme de gagner l'univers, s'il vient à perdre son âme, dit N.-S. Ne sortez pas de l'église sans avoir récité cette dernière prière.

PRIÈRE.

Saint Evêque, qui étiez pendant votre vie le protecteur et le père de tout votre peuple; aujourd'hui que vous êtes en possession de la récompense promise au fidèle serviteur, vous n'êtes ni moins sensible à nos misères, ni moins puissant pour les secourir. Ecoutez donc la prière que je vous adresse prosterné près de vos restes précieux. Je vous recommande mon âme pour que vous m'aidiez à la sauver; ma famille, pour que vous la protégiez; mes travaux, pour que vous les bénissiez. Défendez-moi contre mes passions. Dirigez-moi dans la pratique de mes devoirs. Soutenez-moi dans les peines et les épreuves de cette vie. Qu'à votre exemple je serve Dieu, que j'évite le péché, que je sois juste et charitable envers mes frères, que je vive enfin et que je meure en bon chrétien. Ainsi soit-il.

FRUIT DU PÈLERINAGE.

Il arrive trop souvent que l'on ne retire aucun fruit des pèlerinages qu'on entreprend ; parce que après avoir consacré la matinée, une partie même de l'après-midi à des actes religieux, on s'abandonne le soir à des excès coupables et licencieux.

Avant de sortir de l'Eglise, faites cette réflexion : prier et honorer les Saints, sans les imiter, c'est une religion vaine. Je mettrai donc en pratique la recommandation de l'Apôtre : « *Ne vous laissez point aller ni à la colère, ni à l'intempérance, ni aux plaisirs corrompus.* »

PRIÈRE.

O Saint Ived ! antique patron de cette église, à la fin de ce jour si mémorable consacré à votre culte, je viens une dernière fois me prosterner en présence de vos ossements vénérés. Non, mon père, je ne vous quitterai point que vous ne m'ayez encore béni. Bénissez-moi, et que par votre protection qui s'est tant de fois signalée dans ce temple auguste, je mène enfin une vie conforme à la religion sainte que vous avez prêchée et pratiquée si fidèlement. Bénissez ma maison, ma famille, mes enfants, et que mes exemples et mes vertus se répandent sur eux comme une rosée de bénédictions. Bénissez mes travaux et mes champs et détournez loin de nous les fléaux qui les rendraient stériles. Bénissez enfin cette église, cette paroisse et cette ville, depuis si longtemps votre asile : faites-y fleurir la vertu, la religion et la piété ; avec elles on verrait bientôt régner la paix et le bonheur !

S. Ived ! et vous que dans ce jour nous ne saurions séparer de votre successeur, S. Victrice ! non moins fameux par la réputation de votre sainteté ; illustres frères ! vous avez été unis pendant la vie, et la mort ne vous a point séparés! Transportés ensemble dans cette ville, vous y avez été honorés et conservés ensemble. Aujourd'hui encore le même temple vous réunit, le même autel vous est dédié, la même confrérie vous est vouée. O Saints Pontifes! du haut du ciel, protégez-nous dans le cours de notre vie, assistez-nous à l'heure de notre mort. Ainsi soit-il.

A VÊPRES.

Vêpres du jour de la Pentecôte. Au Paroissien.

On ajoute à *Magnificat* l'Antienne d'un Pontife : *Euge serve bone*, page 5; avec l'Oraison : *Plebs tua*, p. 7.

Récitez pendant Vêpres une des prières à S. Ived, dans l'Office du matin, surtout la troisième.

AU SALUT.

Après l'*O Salutaris*, on chante le répons *Ego sum ostium*, p. 19; la prose *Veni Sancte Spiritus*, le *Sub tuum Præsidium*, etc.

SOISSONS. — IMPRIMERIE DE EM. FOSSÉ DARCOSSE,
IMPRIMEUR DE L'ÉVÊCHÉ, RUE DES RATS, N° 10.

www.ingramcontent.com/pod-product-compliance
Lightning Source LLC
LaVergne TN
LVHW010256230826
846091LV00007B/2999

9782011261922